AF361013

Un Épisode rétrospectif

à propos de la

Découverte
du Phylloxéra

Prix : **60** centimes

CHEZ L'AUTEUR
Avenue du Pont Juvénal, 10, à Montpellier

1899

UN ÉPISODE

RÉTROSPECTIF

A PROPOS DE LA

DÉCOUVERTE DU PHYLLOXÉRA

PAR

Félix SAHUT

Ancien Président de la Société d'Horticulture et d'Histoire naturelle de l'Hérault

PRIX : 0.60 CENT.

CHEZ L'AUTEUR

Avenue du Pont Juvénal, 10, à Montpellier

1899

UN ÉPISODE RÉTROSPECTIF

A PROPOS

de la découverte du "Phylloxéra"

Ayant été invité au Jury de l'Exposition internationale et quinquennale de Gand (Belgique), j'arrivai d'abord à Paris dans la soirée du 12 avril 1898 pour faire le mercredi 13, une communication au Congrès des Sociétés savantes à la Sorbonne sur « l'acclimatation par sélection d'espèces végétales ».

Le lendemain de cette communication, je me rendis le matin à la gare du Nord accompagné par mon fils ainé qui était venu à Paris pour assister à un Congrès d'une autre nature. C'était donc le Jeudi 14 avril. Nous trouvâmes dans le vestibule plusieurs amis qui se disposaient également à partir pour se rendre aussi au jury de la merveilleuse Exposition de Gand. Le nombre s'en accrut ensuite successivement par de nouveaux arrivants qui étaient attirés aussi par le même objet.

C'était pour moi une agréable aubaine de rencontrer là une réunion aussi nombreuse de bons et excellents collègues, parmi lesquels je citerai au hasard MM. Charles et Lucien Baltet, Bergman, Boucher, Bruant, Chantin, Chatenay, Comte, Dallé, Defresne, Duval, Gauthier, Lebœuf, Lemoine, Leroy, Martichon, Moser, Truffaut, Viger, etc. etc. Ils appartenaient tous comme on le voit, à l'élite des horticulteurs ou amateurs de plantes de notre pays.

Grâce à l'aimable attention de M. Bergman, qui avait eu l'excellente idée de retenir à l'avance plusieurs compartiments, nous fûmes tous réunis en nous groupant selon nos convenances. M. Viger, qui fut élu, le lendemain, Président général du Jury international, arriva au dernier moment et vint occuper la seule place qui restait encore disponible dans le compartiment où je me trouvais.

Nous pûmes ainsi tous ensemble, causer très agréablement pendant le voyage, gais et contents comme des écoliers en vacances, ou plutôt comme de vieux amis qui ne se rencontrent pas souvent et qui ont toujours une foule de choses intéressantes à se dire.

Dans ces conditions, le temps passa rapidement ; aussi le trajet nous parut-il très court et nous fûmes bientôt surpris d'arriver en gare de Lille. Là, quelques autres de nos collègues nous attendaient, et comme nous avions plus de deux heures d'arrêt, elles furent largement employées à absorber un succulent déjeûner qu'on avait eu la bonne pensée de commander à l'avance, qui fut supérieurement servi et auquel tout le monde fit largement honneur. Je n'ai pas besoin d'ajouter que la plus franche et la plus exquise cordialité ne cessa de régner pendant cette réunion d'amis, qui étaient tous très heureux de se retrouver en une aussi agréable circonstance.

En entrant dans la salle qui nous avait été réservée, M. Viger, le sympathique Président de la Société Nationale d'Horticulture de France, m'avait prié de prendre place en face de lui et m'avait présenté à tous nos collègues en me qualifiant de « *Christophe Colomb du Phylloxera* ». J'avoue que je fus très touché de cette délicate attention de sa part et je suis heureux d'avoir aujourd'hui l'occasion de l'en remercier.

I

L'allusion à une circonstance que les paroles de M. Viger voulaient rappeler, fut d'ailleurs comprise de la plupart des personnes présentes qui étaient depuis déjà longtemps au courant de la question. Mais comme il n'en serait peut-être pas de même de tous mes lecteurs, je leur demande la permission d'entrer à ce sujet dans quelques brèves explications, et de leur dire tout d'abord qu'il s'agissait de la découverte du Phylloxera que j'avais faite près de Saint-

Remy (Bouches-du-Rhône) le 15 Juillet 1868, découverte qui a été très souvent, bien à tort, attribuée à Planchon. La priorité en ma faveur est en effet absolument indéniable puisque, indépendamment des preuves certaines que j'en possède, Planchon lui-même, forcé par l'évidence, en a fait l'aveu très explicite dans un journal (*La vigne américaine*) dont il était directeur.

Aussi M. Viger voudra-t-il bien m'excuser si, faisant violence à sa modestie, je relate ici sommairement les circonstances, toutes à son honneur, qui ont amené sur ses lèvres les paroles trop flatteuses pour moi qu'il a bien voulu prononcer à Lille le 14 avril 1898. Voici, raconté en peu de mots, l'épisode auquel il avait fait allusion.

Au mois de Décembre 1894, M. Viger alors Ministre de l'Agriculture était venu à Montpellier pour présider l'inauguration du monument Planchon. Etranger au pays et ayant à parler de faits qui avaient alors plus d'un quart de siècle d'existence, il avait dû nécessairement demander quelques notes sur lesquelles il broda très habilement un excellent discours parfaitement bien coordonné, comme tous ceux d'ailleurs que j'ai eu le plaisir d'entendre de lui en maintes circonstances.

En l'écoutant attentivement, et la chose m'était facile puisque j'étais placé tout près de lui, je remarquai cette fois plusieurs erreurs que contenait son discours et qui avaient dû lui échapper. C'est ainsi qu'à la suite de tant d'autres qui ont commis la même méprise, M. Viger attribuait à Planchon la découverte du Phylloxera.

Je me rendis compte tout de suite, que l'orateur avait été mal renseigné et que sa bonne foi avait été surprise ; je compris qu'il s'était mal adressé et qu'on lui avait fourni des notes inexactes. De là les multiples erreurs qui s'étaient glissées à son insu dans son discours.

Je pris donc la liberté très grande d'écrire dès le lendemain à M. Viger pour lui signaler ces erreurs, en ayant soin d'insister sur ce fait que je ne l'en rendais nullement responsable, parce que je voyais bien qu'il avait accepté de confiance en les croyant sincères, des renseignements erronés qu'on lui avait fournis.

Loin de se formaliser de ma hardiesse, M. Viger fut frappé de la valeur des arguments que je lui produisais à l'appui de ma réclamation. Je lui fournissais d'ailleurs les moyens de vérifier l'exactitude de mes dires. Aussi voulut-il en avoir le cœur net, et se livra-t-il à une enquête sérieuse, à la suite de laquelle il reconnut la parfaite véracité de toutes mes assertions.

Et alors, avec une loyauté à laquelle je suis heureux de rendre un éclatant hommage, M. Viger délégua auprès de moi deux de ses collègues à la Chambre, pour me manifester de sa part, le regret qu'il éprouvait d'avoir, dans son discours de Montpellier, parlé contrairement à mes intérêts, et en ce qui me concernait contrairement à la vérité. On ne saurait être plus galant homme, plus chevaleresque même, et en rendant ici à M. Viger cet hommage qui lui est légitimement dû, je ne fais que m'acquitter strictement envers lui d'une dette de reconnaissance, qui restera gravée en mon cœur, parce qu'elle est largement méritée.

Ensuite, en s'exprimant plus tard comme il l'a fait à Lille, M. Viger a eu l'extrême délicatesse de me montrer par là, qu'il se rappelait encore cet épisode déjà lointain auquel nous avions été mêlés l'un et l'autre. Pourtant plus de trois années s'étaient écoulées depuis cette époque, et pendant ce long espace de temps, nous n'avions eu que fort rarement l'occasion de nous rencontrer. C'était donc bien aimable à lui d'avoir conservé le souvenir de cette circonstance, alors que le souci des affaires publiques et ses occupations très multipliées étaient bien de nature à le chasser de sa mémoire. C'était de plus un fort précieux témoignage d'exquise courtoisie, je dirai même d'extrême bienveillance à mon égard auquel j'ai été très sensible et que je n'aurai garde d'oublier désormais.

Montpellier, le 20 Mars 1899.

Félix SAHUT.

II

En écrivant les lignes qui précèdent, je n'ai eu d'autre but que de rétablir la vérité à propos de faits dont l'historique avait été complètement dénaturé pendant fort longtemps. Avant de les publier, il m'a paru qu'il était de mon devoir d'en soumettre la rédaction au personnage éminent dont j'avais rapporté les paroles et les actes. Celui-ci m'a remercié très aimablement de cette communication en ajoutant qu'il n'avait aucune modification à présenter, en ce qui le concernait, aux paroles qui lui sont attribuées. Je lui suis d'autant plus reconnaissant de ce nouveau témoignage de bienveillance à mon égard. Il me confirme ce que l'on savait déjà, que je n'avais rien avancé qui ne fût absolument conforme à la vérité.

La note ci-dessus est destinée à former un chapitre d'une publication en cours de préparation sous ce titre : *Glanes horticoles et viticoles*, et dans laquelle je rends compte des principaux évènements horticoles ou viticoles auxquels j'ai eu le plaisir de prendre part pendant le courant de l'année 1898.

J'ai pensé devoir en détacher, pour les publier séparément, les quelques pages qui précèdent. Elles serviront d'introduction à un historique sincère et véritable qui sera publié prochainement sur la découverte du Phylloxéra. Je n'en avais dit que quelques mots dans la première édition de mon livre : *Les vignes américaines, leur greffage et leur taille*, et je m'en serais tenu certainement là si l'on n'avait cru à cette occasion devoir provoquer une polémique qui a tourné à la confusion de ceux qui l'avaient suscitée.

Un ami maladroit de Planchon est venu encore à la rescousse, en reproduisant (1) en 1886 le Compte-rendu

(1) G. Foex. — *Cours complet de viticulture*. 1re édition. Mai 1886.

vraiment trop fantaisiste de la découverte du Phylloxera, publié par Planchon dans la *Revue des Deux-Mondes* en 1874 (1).

Dans les nombreuses pages que l'auteur consacrait à l'historique de cette découverte, Planchon avait complètement oublié qu'il n'était pas seul, mais qu'il avait deux collègues, Gaston Bazille et moi, et pourtant il n'avait pas même cité une seule fois nos deux noms. Il n'ignorait cependant pas que nous avions été nommés tous les trois au même titre, comme délégués, par la Société Centrale d'Agriculture de l'Hérault, pour aller ensemble étudier la nouvelle maladie de la Vigne qui sévissait en Provence depuis plusieurs années, et dont, malgré toutes les recherches, on n'avait pas encore pu découvrir la cause. Un sentiment de simple convenance, à défaut de toute autre considération, ne lui permettait guère un oubli de cette nature.

Mais M. Foex ne s'était pas borné à cette reproduction. Elle était déjà quelque peu intempestive alors qu'à la suite des aveux pourtant très significatifs de Planchon, résultant de la polémique engagée par ce dernier en 1887 dans le journal *La Vigne Américaine*, dont il était directeur, la lumière s'était déjà faite dans le monde scientifique sur la priorité de la découverte du Phylloxéra. Et de fait je reçus à cette époque de nombreuses lettres d'auteurs, qui avaient publié des écrits sur la question phylloxérique, et qui s'excusaient auprès de moi d'avoir parlé contrairement à la vérité, en attribuant à Planchon une découverte dont ils reconnaissaient maintenant que la priorité me revenait complètement.

Il n'y avait donc plus aucune raison, pour un ami maladroit de Planchon comme l'était en cette circonstance M. G. Foex, de ressusciter une version déjà oubliée par tout le monde et que son auteur, forcé par l'évidence de faits absolument démontrés, venait de désavouer lui-même d'une façon aussi explicite que possible.

(1) J.-E. Planchon : *Le Phylloxéra en Europe et en Amérique*. Dans la *Revue des Deux-Mondes*, N° du 1ᵉʳ février 1874.

III

Mais voici qui est encore plus caractéristique de la façon dont certaines gens écrivent l'histoire.

Dans son *Cours complet de viticulture*, M. G. Foex, alors directeur de notre Ecole d'Agriculture et aujourd'hui inspecteur général de la Viticulture, avait donné une longue liste bibliographique de tout ce qui avait été écrit jusque là sur la question phylloxérique ; il citait, dans cette liste, 54 brochures ou publications diverses, toutes relatives à cette question. Il avait dû, comme on le voit, rechercher avec soin tous les documents les plus importants. Cependant il avait omis d'y comprendre, *involontairement sans doute*, la Communication à l'Académie des Sciences du 3 Août 1868, ainsi que la note très circonstanciée publiée d'abord dans le *Messager du Midi* (N° du 22 Juillet 1868) et ensuite dans le *Bulletin de la Société Centrale d'Agriculture de l'Hérault* (1868, page 416). Ces deux documents rendaient compte de la mission confiée aux délégués de l'Hérault d'aller étudier en Provence la nouvelle maladie de la Vigne, et par suite des conditions dans lesquelles s'était faite la découverte du puceron qui fut appelé d'abord *Rhizaphis vastatrix* et qui plus tard changea ce nom de *Rhizaphis* en celui de *Phylloxéra*.

Ces deux pièces très importantes étaient signées : Bazille, Planchon et Sahut. Elles étaient pourtant bien connues et tout le monde s'accordait et s'accorde encore à reconnaitre qu'elles constituaient *le véritable extrait de naissance officiel de la question phylloxérique*. Il était dès lors bien surprenant qu'elles eussent *échappé* aux investigations de M. G. Foex et qu'elles eussent été *oubliées* par lui dans sa longue liste bibliographique.

J'avais d'ailleurs eu le soin de signaler à M. G. Foex (1) cette *double omission*, en ajoutant qu'il ne manquerait certainement pas d'en tenir compte quand il publierait la deuxième édition de son *Cours complet de viticulture*.

Il m'est pénible de constater ici que M. G. Foex *oublia* encore, toujours *involontairement* sans doute, de mentionner ces deux mêmes documents dans les éditions suivantes de son *Cours complet de viticulture*. Ces *oublis* successifs étaient d'autant plus extraordinaires que M. G. Foex n'ignorait pourtant pas ma réclamation, puisqu'il y faisait allusion et même qu'il y répondait réellement, dans une note au bas de la page 548 de la deuxième édition de son grand ouvrage déjà cité.

Je n'insisterai pas davantage pour aujourd'hui, sur des faits qu'il m'est désagréable d'être obligé de rappeler, me réservant d'ailleurs de donner plus tard, sur cette question fort importante, des détails plus circonstanciés quand je ferai le récit complet et véritablement historique de la découverte du Phylloxéra que j'ai faite le 15 Juillet 1868, dans le vignoble du Château de Lagoy près de Saint-Remy (Bouches-du-Rhône).

IV

En attendant que l'historique complet en soit publié, il ne sera certainement pas hors de propos de rappeler ici, très sommairement, pour ceux qui ne les connaissent pas encore, les circonstances qui amenèrent la découverte du Phylloxéra.

Ainsi que je l'ai déjà dit, la Société Centrale d'Agriculture de l'Hérault nous désigna, Gaston Bazille, Planchon et moi, pour aller étudier la nouvelle maladie qui sévissait alors dans les vignobles de Vaucluse et des Bouches-du-Rhône, et qui exerçait ses ravages depuis déjà plusieurs années. On s'accorde à reconnaître qu'elle avait été observée dès 1862.

(1) *Les Vignes Américaines, leur greffage et leur taille*, 3me édition 1887, page 32.

Depuis cette époque, et chaque année jusqu'en 1868, de nombreuses personnes instruites parmi lesquelles des agriculteurs éminents et même plusieurs savants en grand renom, avaient étudié les caractères de cette maladie ; ils en avaient aussi décrit avec soin les apparences extérieures, mais malgré toutes leurs recherches ils n'avaient pu en découvrir la cause.

En 1867, les dégats produits devinrent plus considérables, et au printemps de 1868, ils s'étaient tellement étendus que diverses Sociétés d'Agriculture ou Comices Agricoles, des maires de plusieurs communes et de nombreux propriétaires de vignobles, en furent justement effrayés. Ils s'adressèrent à notre Société pour qu'elle désignat quelques-uns de ses membres afin d'aller étudier sur place les caractères de cette nouvelle maladie, essayer d'en découvrir la cause et tâcher d'en trouver le remède.

J'avais lu très attentivement toutes les communications qui nous avaient été faites. Elles différaient d'appréciation, mais elles s'accordaient toutes sur ce point : que le mal commençait par une souche, et s'étendait progressivement de proche en proche aux souches voisines, qu'elle envahissait les unes après les autres. C'était comme une tache d'huile, selon l'heureuse expression de notre collègue Gaston Bazille, expression qui caractérisait en effet très exactement, les signes apparents de cette nouvelle maladie.

Je fus frappé de cette concordance sur ce point entre les observations qui étaient faites un peu partout, ce qui me fit immédiatement supposer que nous pourrions bien avoir affaire à quelque parasite des racines.

C'est sous l'influence de cette idée, que j'avais d'ailleurs communiquée préalablement à mes collègues, qu'en arrivant à Saint-Remy, je me préoccupai tout de suite de nous faire suivre d'un travailleur avec sa pioche afin de lui faire arracher des racines de Vigne.

C'est également d'après le même ordre d'idées, que j'eus la pensée d'examiner les racines, non pas des souches mortes ou mourantes comme on l'avait fait jusque-là, mais sur les pieds de Vigne encore très bien portants en apparence et placés dans le voisinage immédiat des points d'attaque.

En creusant avec sa pioche sur un point précis que je lui avais moi même désigné, l'ouvrier que j'avais amené retira une première racine qu'il me remit et sur laquelle je remarquai tout de suite, grâce au verre grossissant de ma loupe, *des trainées de petits points jaunes, que je reconnus de suite pour être des Puçerons* et que je montrai immédiatement à M. Planchon. Celui-ci s'empressa de me dire : *Ce sont des Coccus.*

Pendant que mon collègue se livrait a ce premier examen, je promenais ma loupe sur une seconde racine que je montrais immédiatement à M. Planchon, en lui faisant remarquer que je distinguais des jeunes pucerons qui se mouvaient tandis que d'autres semblaient fixés sur l'écorce de la racine.

Après avoir examiné à son tour cette même seconde racine, M. Planchon me confirma que c'étaient bien réellement des pucerons. Puis, dans tous les vignobles que nous visitions, à Chateauneuf-du-Pape et à Roquemaure, à Orange et à Sérignan, à St-Martin-de-Crau et sur divers autres points, je faisais arracher des racines et partout nous trouvions le même puceron.

En rentrant à Montpellier, je fis la contre-épreuve et faisant arracher un peu partout dans nos vignobles des racines sur un grand nombre de points, je ne pus découvrir sur leur écorce la moindre trace de puceron. Dès ce moment mon opinion était faite : c'était bien là la véritable cause du mal.

Et voilà, raconté en peu de mots, comment fut faite la découverte du terrible ennemi qui a causé de si grands ravages et amené après lui tant de ruines, dans toute l'étendue du vignoble français.

— 13 —

V

Dans une brochure qu'il a publiée en 1887 et qui avait
pour titre : *Les véritables origines de la question phylloxérique* (1), M. A. L. Donnadieu docteur-ès-sciences, avait
pu parler de la découverte du Phylloxéra avec connaissance
de cause, puisqu'il y avait été mêlé dès les premiers jours
qui la suivirent.

M. A. L. Donnadieu était, en effet, en Juillet 1868 préparateur d'Histoire naturelle à la Faculté des sciences de
Montpellier, et c'est à lui que s'adressa M. Planchon après
notre retour de Saint-Remy, pour lui montrer les nombreux pucerons que nous en avions rapportés.

Voici du reste en quels termes, M. A. L. Donnadieu
raconte dans la brochure susdite, comment il a été amené
à s'occuper de l'étude de l'insecte, deux ou trois jours à
peine après que j'avais été le premier à le découvrir en
Provence sur les racines de vignes atteintes d'une maladie
dont la véritable cause était restée jusque-là inconnue.

« Le 17 Juillet 1868, ayant quitté à l'heure habituelle de
midi, le laboratoire de la Faculté des sciences de Montpellier où j'occupais, depuis 1862, les fonctions de préparateur
d'histoire naturelle, je rentrai chez moi, où je trouvai un
paquet que l'on venait d'apporter de la part de M. Planchon. C'était une boîte à herboriser que le jardinier de
l'Ecole de pharmacie avait, sur les ordres qu'il avait reçus,
recommandé de tenir à la cave et de ne pas ouvrir
avant l'arrivée de M. Planchon, qui du reste n'allait
pas tarder.

« La conversation s'engagea dès l'arrivée de M. Planchon,
à midi et demi, (je précise l'heure pour démontrer que

(1) Paris, à la librairie J. B. Baillière et fils, 19, rue Hautefeuille, 1887.

j'écris d'après des notes et des souvenirs exacts, en un dialogue entre lui et moi de la manière suivante :

M. Planchon. — « Poujol vous a apporté une boîte ; vous ne l'avez pas ouverte ? »

Moi. — « Non, Monsieur, selon les recommandations, je vous ai attendu. »

M. Planchon. — « Fort bien, nous allons examiner ensemble ; ce sont des racines de Vigne, il y a un puceron, et je crois que nous tenons la cause de la maladie : *c'est Sahut qui a mis la main dessus.* »

Moi. — « C'est bien possible, d'ailleurs le fait ne serait pas extraordinaire, car il y a des pucerons sur les racines de différentes plantes ; je peux vous montrer des dessins que j'ai faits l'année dernière, ils se rapportent à des pucerons que j'ai trouvés sur des racines de chiendent. » (Avant le milieu du XVIIIe siècle, Réaumur, qui avait déjà décrit une espèce de *Phylloxéra* du Chêne, avait observé divers pucerons sur des racines de nombreuses plantes).

« Je montrai à M. Planchon les dessins dont je parlais, et pendant qu'il les examinait, je disposais, pour l'examen par le microscope, les insectes qui couvraient les racines apportées de Saint-Remy.

« Nous pûmes alors nous convaincre que la première opinion de M. Planchon était vraie et que l'insecte en question pouvait, même à première vue, être rapporté au groupe des Aphidiens. Mais une première étude ne pouvait se faire ainsi à main levée ; aussi fut-il décidé que j'irais le lendemain, muni de tout mon appareil de micrographe, passer la journée chez M. Planchon, à la campagne où il habitait en ce moment, et que nous procèderions à la première étude de l'insecte.

« A l'époque où tout ceci se passait, la science micrographique était loin de la perfection qu'elle a atteint de nos jours, et les micrographes étaient peu nombreux en province. Mes voyages très fréquents à Paris et les relations que m'avait créées mon maître regretté, Paul Gervais,

m'avaient mis en rapport avec des spécialistes auprès des
quels j'avais acquis en technique micrographique des
connaissances qui, pour l'époque, pouvaient passer pour
suffisantes. Je les utilisai à la grande satisfaction de
M. Planchon, mais l'honorable professeur très pressé cela
se comprend, de faire connaître la découverte qui venait
d'être faite, ne voulut que des ébauches rapides, et le soir
même, après une étude très superficielle qu'il avait rendue
hâtive le plus possible, il annonçait le futur *Phylloxéra*
sous le nom *Rhizaphis vastatrix*.

« Comme je lui faisais remarquer que c'était peut-
être aller un peu vite, et qu'il conviendrait, sans doute, de
faire des recherches pour savoir si l'insecte n'était pas
déjà connu, il me répondit : « Prenons toujours date,
c'est là l'essentiel, et si c'est déjà décrit, nous serons toujours à temps à rectifier. En tout cas je vais écrire à
M. Signoret et je prierai mon beau-frère Lichtenstein, qui
possède un *De Geer*, de faire des recherches de son côté ».

« Les choses se réalisèrent exactement sur ces données.
M. Planchon échangea avec M. Signoret une correspon-
dance qui eut bien son côté curieux. Dès la première lettre,
en effet, M. Signoret écrivit que nous nous trompions et
que nous avions pris un *Acarien* pour un **Puceron**, ce qui
causa à M. Planchon une surprise de courte durée, car
M. Signoret se rendit bien vite ; et dès qu'il eut pu, comme
M. Lichtenstein et M. Planchon le firent de leur côté,
déterminer le véritable genre de l'insecte, le *Rhizaphis*
devint le *Phylloxéra vastatrix*, et ce fut là le véritable
point de départ des études dont la nouvelle maladie de la
Vigne allait être l'objet.

« L'époque à laquelle je fais allusion était aussi celle où
M. Boisduval faisait, au Palais de l'Industrie, une série de
conférences publiques sur les insectes nuisibles à l'agriculture. Il se montra tout naturellement empressé de parler
du *Rhizaphis* au sujet duquel M. Planchon venait de lui
écrire. Je me trouvais à ce moment-là à Paris avec Paul
Gervais. J'avais apporté à M. Boisduval des racines de Vigne

garnies de pucerons, et sur les instances de M. Boisduval, qui me céda un moment son fauteuil, je fis voir aux auditeurs ces insectes, les premiers montrés au public parisien, et j'expliquai les observations qui permettaient de les considérer comme les véritables causes de la maladie.

« De retour à Montpellier je fis, avec mon excellent ami Eugène Guinard, une photographie de l'insecte aptère qui fut remise à M. Planchon. Cette épreuve a été la première qui fût montrée dans les conférences publiques où l'on commençait à généraliser le système des projections à la lumière oxhydrique. Comme M. Guinard, j'ai toujours conservé l'original de notre épreuve photographique dont j'ai vu figurer, en dernier lieu au Concours de Lyon, un agrandissement placé au milieu de l'Exposition d'une Ecole d'Agriculture. J'ai aussi gardé avec soin la première préparation pour collections qui fut faite avec l'aide de M. Charles Bourgogne préparateur à Paris. Elle porte encore l'étiquette de *Rhizaphis vastatrix*, écrite de la main de mon ami M. Bourgogne, et je garde enfin, prêt à les montrer à qui voudra les voir, les originaux des dessins qui se rapportent aux études que je fis deux ans plus tard avec M. Lichtenstein. Quoiqu'on ne puisse trouver dans ces dessins aucune différence avec les publications même les plus récentes, je ne les considère ainsi d'ailleurs que tout le reste, qu'à titre de simples documents historiques. »

Tout serait à citer dans la brochure de M. le Docteur A. L. Donnadieu. Mais je dois me borner pour le moment, en me réservant d'y faire de plus nombreux emprunts quand j'écrirai prochainement avec tous les détails circonstanciés et documents à l'appui, l'historique complet de la découverte du Phylloxéra.

Montpellier, le 4 mai 1899.

Félix SAHUT.

Montpellier. — Imp. de la Man. de la Charité

www.ingramcontent.com/pod-product-compliance
Lightning Source LLC
LaVergne TN
LVHW021915180726
843502LV00008B/3078